Libro de seguridad corporal para niños

Adrian Laurent

Este libro pertenece a:

¡Hola! Soy Nina. Me gusta la escuela y estar con amigos.
Pero ayer algo me hizo sentir triste.

Me gustan los abrazos, la mayoría de las veces, sobre todo cuando me siento triste. Los abrazos suelen hacerme sentir feliz y segura.

Ayer Tom me abrazó, pero no me hizo sentir bien y quise alejarme. Pero no quería gritarle, pegarle ni herir sus sentimientos.

Conozco los síntomas del miedo y la incomodidad. El corazón me late rápido, mi cabeza se siente confusa y me sudan las manos. Esto sucede cuando me siento incómoda. Cuando el contacto de alguien me hace sentir incómoda, puedo decirle que pare. Sé que mi cuerpo me pertenece. Yo decido quién me toca.

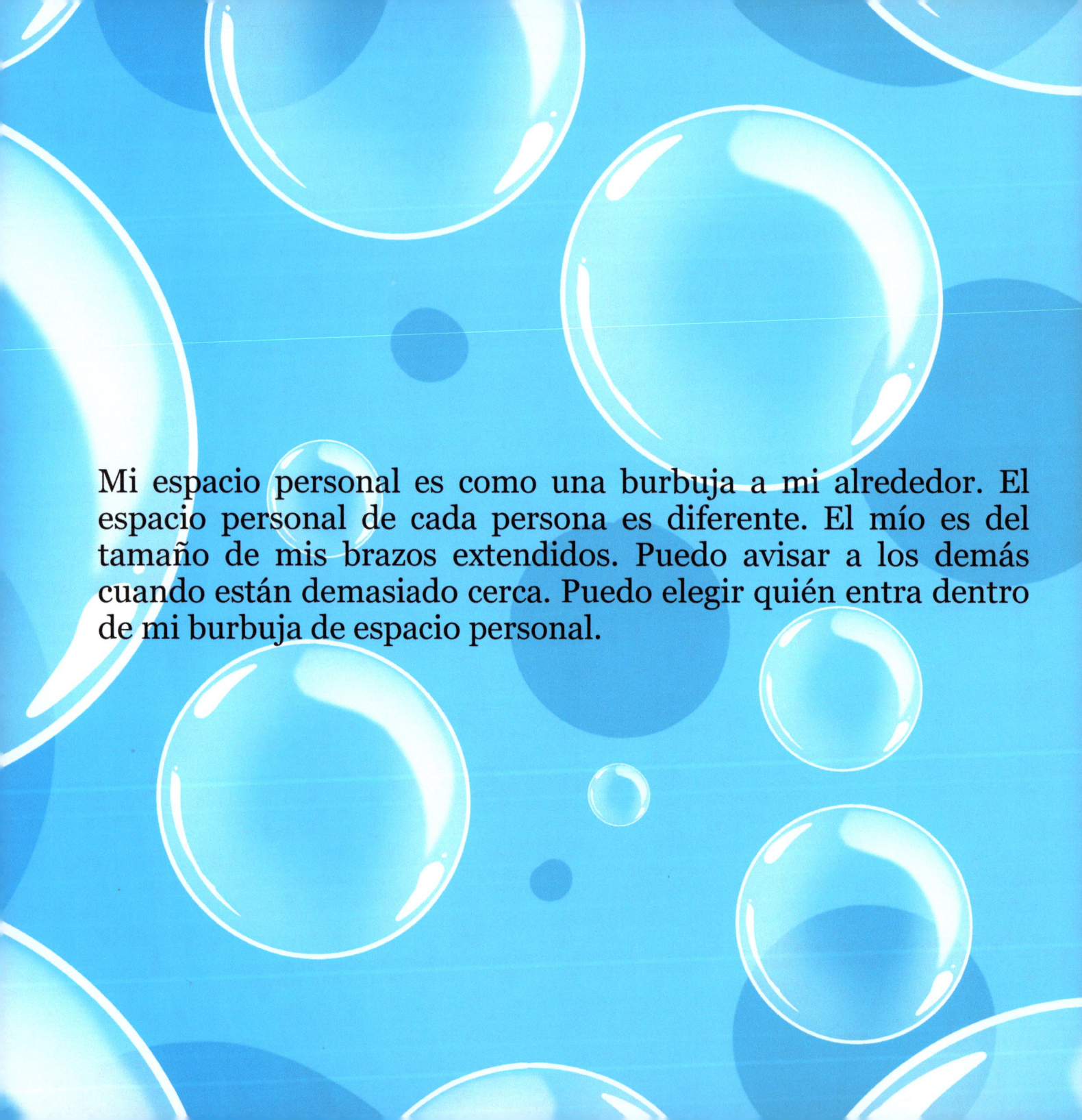

Mi espacio personal es como una burbuja a mi alrededor. El espacio personal de cada persona es diferente. El mío es del tamaño de mis brazos extendidos. Puedo avisar a los demás cuando están demasiado cerca. Puedo elegir quién entra dentro de mi burbuja de espacio personal.

Permito que las personas en las que confío entren en mi burbuja de espacio personal.
Si me siento asustada o insegura, puedo hacérselo saber a esa persona. Si necesito ayuda, puedo decírselo a un adulto de confianza, como mis padres o mi maestra. Otras personas también tienen burbujas. Me pregunto si mi perro Calcetines tendrá una burbuja.

Mi cuerpo es mío. Es de mi propiedad y yo elijo quién me toca. Debajo de mi ropa están mis partes íntimas. En mi familia usamos nombres reales para nuestras partes íntimas, como pene y vagina, para poder hablar de ellas cuando lo necesito.

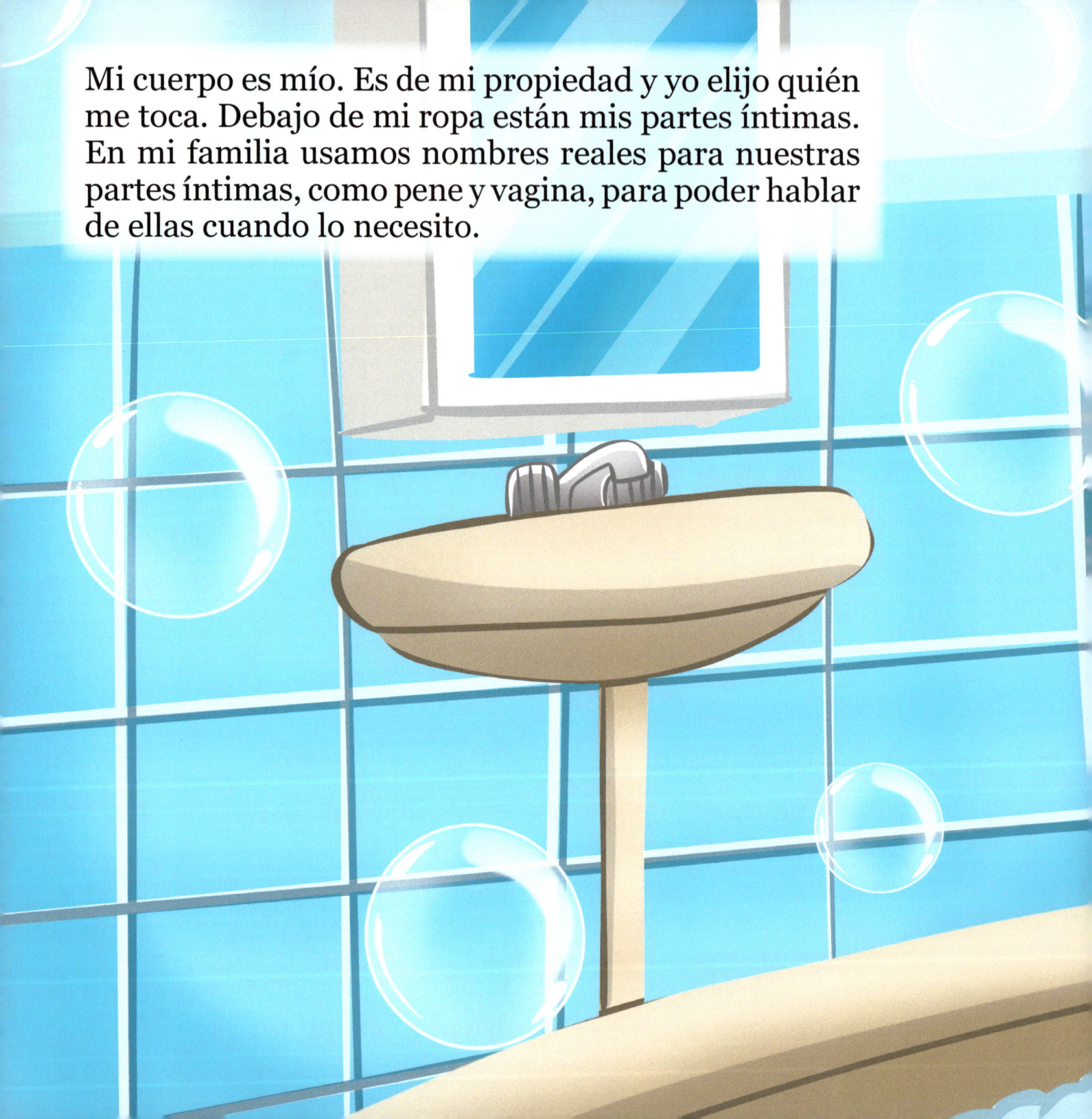

Cuando me toca un médico, es diferente. Necesitan tocarme para saber por qué me siento mal, y un adulto en quien confío siempre está conmigo.

Sé que aunque me toquen personas cercanas, si no me gusta, puedo decirles que se detengan y explicarles cómo me siento.

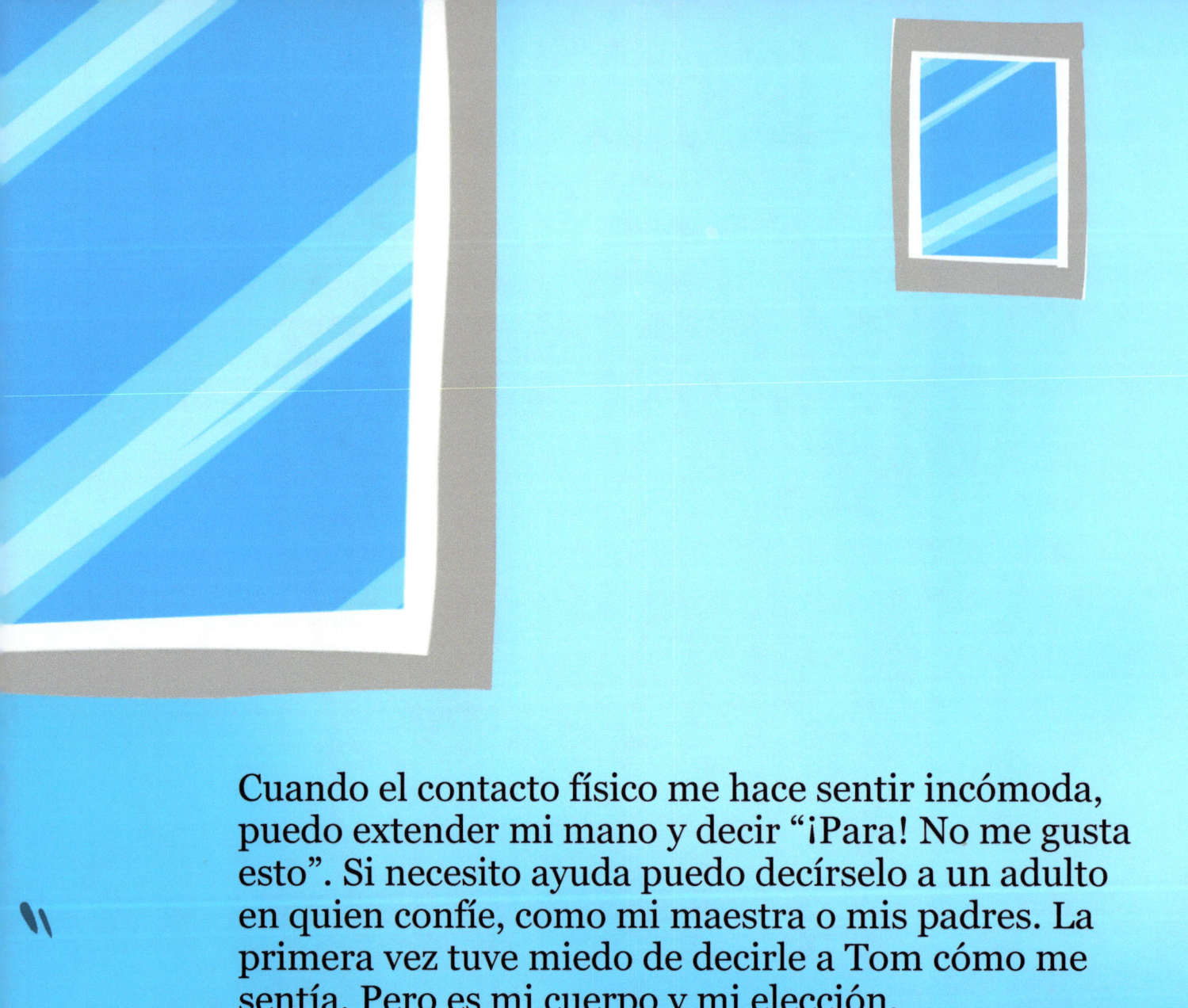

Cuando el contacto físico me hace sentir incómoda, puedo extender mi mano y decir "¡Para! No me gusta esto". Si necesito ayuda puedo decírselo a un adulto en quien confíe, como mi maestra o mis padres. La primera vez tuve miedo de decirle a Tom cómo me sentía. Pero es mi cuerpo y mi elección.

Tom me abrazó al día siguiente y me sentí incómoda. El corazón me latía rápido y me temblaban las manos. Extendí mi mano y le dije: "¡Para! ¡No me gusta esto!". Tom me soltó y me pidió perdón.

Mi cuerpo es de mi propiedad. Yo elijo quién me toca y eso me hace sentir segura y fuerte. Mañana le enseñaré a Tom lo que es el espacio personal. Puede que él aún no lo sepa. ¡Pero tú y yo lo sabemos!

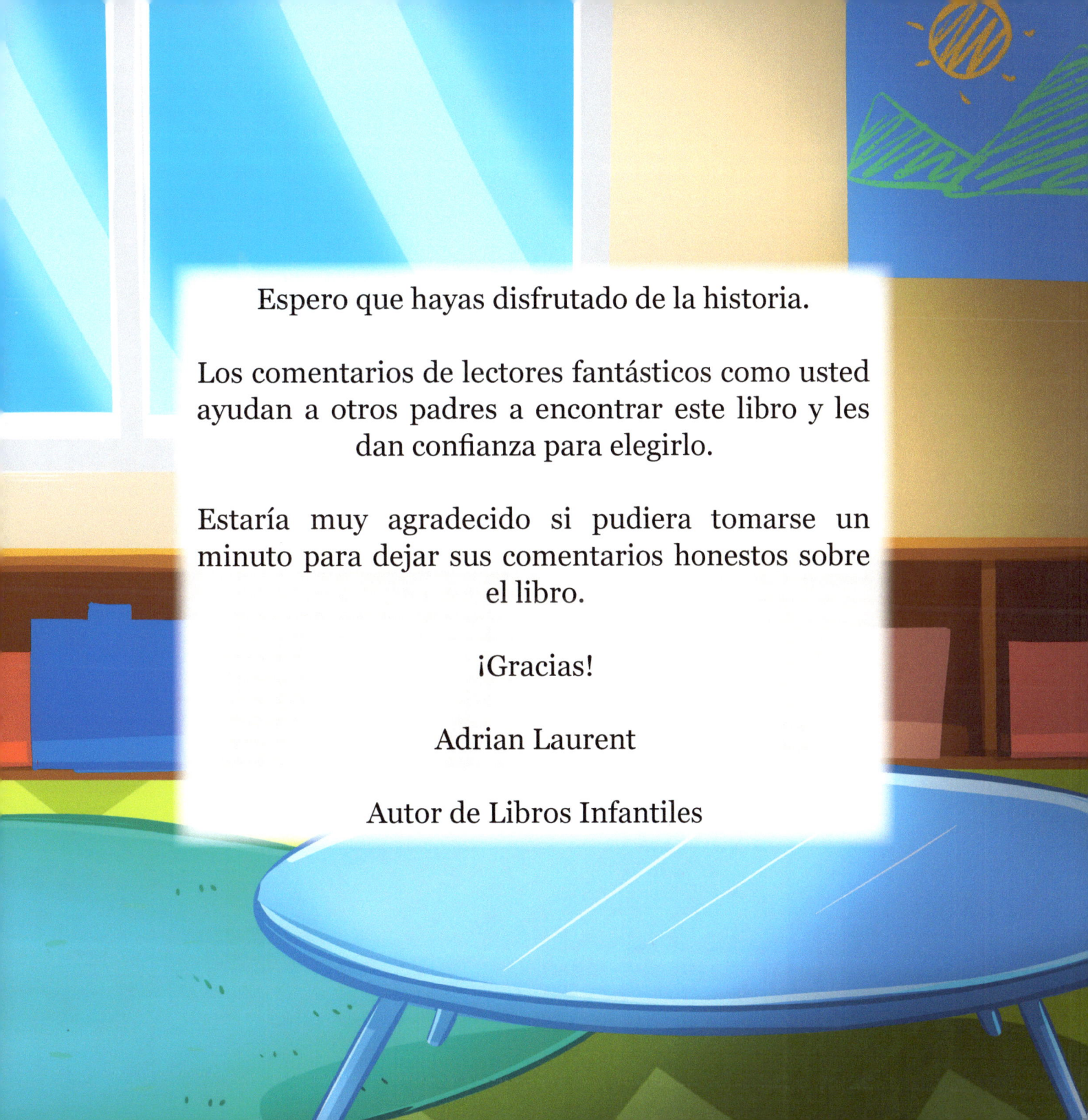

Espero que hayas disfrutado de la historia.

Los comentarios de lectores fantásticos como usted ayudan a otros padres a encontrar este libro y les dan confianza para elegirlo.

Estaría muy agradecido si pudiera tomarse un minuto para dejar sus comentarios honestos sobre el libro.

¡Gracias!

Adrian Laurent

Autor de Libros Infantiles

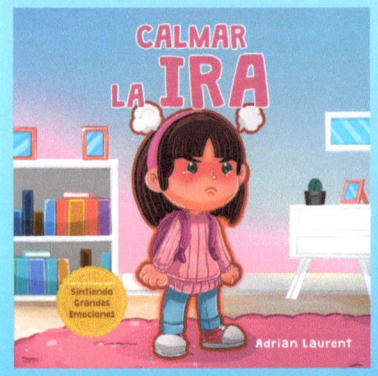

CALMAR LA **IRA**

Sintiendo Grandes Emociones

Adrian Laurent

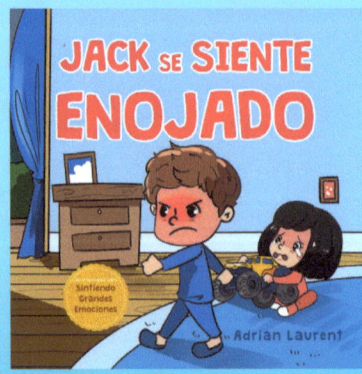

JACK SE SIENTE **ENOJADO**

Sintiendo Grandes Emociones

Adrian Laurent

CRESCITA DI UNA **MENTALITÀ SOLIDA**

PER BAMBINI

Provando Grandi Emozioni

Adrian Laurent

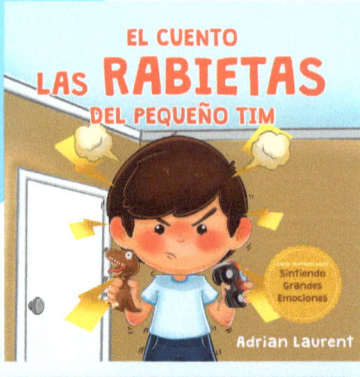

EL CUENTO **LAS RABIETAS** DEL PEQUEÑO TIM

Sintiendo Grandes Emociones

Adrian Laurent

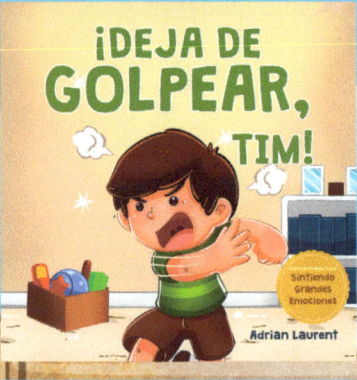

¡DEJA DE **GOLPEAR,** TIM!

Sintiendo Grandes Emociones

Adrian Laurent

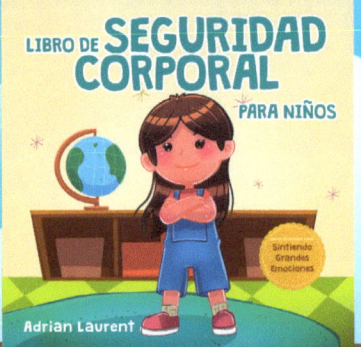

LIBRO DE **SEGURIDAD CORPORAL** PARA NIÑOS

Sintiendo Grandes Emociones

Adrian Laurent

LIBRO DE **SEGURIDAD CORPORAL** PARA NIÑOS, POR TIM

Sintiendo Grandes Emociones

Adrian Laurent

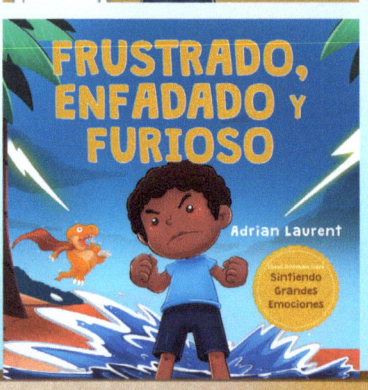

FRUSTRADO, ENFADADO Y FURIOSO

Adrian Laurent

Sintiendo Grandes Emociones

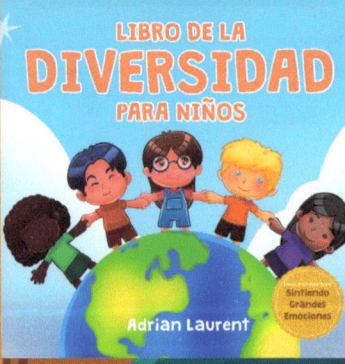

LIBRO DE LA **DIVERSIDAD** PARA NIÑOS

Sintiendo Grandes Emociones

Adrian Laurent

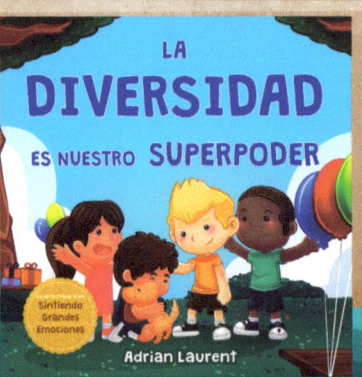

LA **DIVERSIDAD** ES NUESTRO **SUPERPODER**

Sintiendo Grandes Emociones

Adrian Laurent

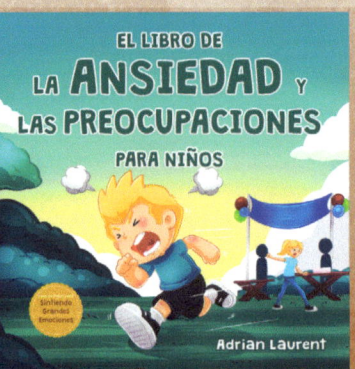

EL LIBRO DE **LA ANSIEDAD Y LAS PREOCUPACIONES** PARA NIÑOS

Sintiendo Grandes Emociones

Adrian Laurent

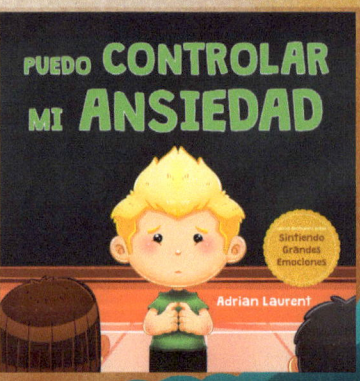

PUEDO **CONTROLAR** MI **ANSIEDAD**

Sintiendo Grandes Emociones

Adrian Laurent

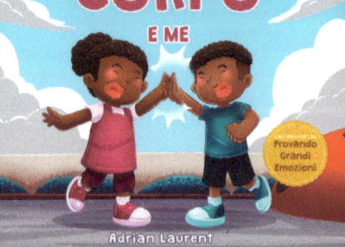

I CONFINI DEL **CORPO** E ME

Provando Grandi Emozioni

Adrian Laurent

Coléccionalos todos